FRANCISCO MACIEL SILVEIRA
(XICO MACIEL)

O CASO DE PEDRO E INÊS
INÊS(QUECÍVEL) ATÉ O FIM DO MUNDO

CB063112

FRANCISCO MACIEL SILVEIRA
(XICO MACIEL)

O CASO DE PEDRO E INÊS
INES(QUECÍVEL) ATÉ O FIM DO MUNDO

ABC DE LITERATURA

kapulana

SÃO PAULO
2015

ABC

DO

TRISTE E COMOVENTE AMOR

DE

PEDRO POR INÊS,

A TRISTE E MESQUINHA

QUE,

DEPOIS DE MORTA,

FOI RAINHA

E ATÉ HOJE REINA NA MEMÓRIA E NO CORAÇÃO DO POVO.

Copyright © 2015 Editora Kapulana Ltda.
Copyright do texto © 2015 Francisco Maciel Silveira
Copyright das ilustrações © 2015 Daniel Arsky Lombardi

Coordenação editorial: Rosana Morais Weg
Projeto gráfico e capa: Amanda de Azevedo
Ilustrador: Dan Arsky
Diagramação: Carolina Izabel da Silva

Dados Internacionais de Catalogação na Publicação (CIP)
(Câmara Brasileira do Livro, SP, Brasil)

Silveira, Francisco Maciel
   O caso de Pedro e Inês : Inês(quecível) até o fim do mundo : ABC de literatura / Francisco Maciel Silveira (Xico Maciel) ; [ilustrações de Dan Arsky]. -- 1. ed. -- São Paulo : Editora Kapulana, 2015. -- (Série Intersecções Literárias)

   ISBN 978-85-68846-02-5

   1. Castro, Inês de, 1320?-1355 - Literatura 2. Ensino médio 3. Ensino universitário 4. Literatura de cordel 5. Pedro I, Rei de Portugal, 1320-1367 - Literatura I. Arsky, Dan. II. Título. III. Série.

15-05509   CDD-398.5

Índices para catálogo sistemático:
   1. Literatura de cordel   398.5

2015

Reprodução proibida (Lei 9.610/98).
Todos os direitos desta edição reservados à Editora Kapulana Ltda.
Rua Henrique Schaumann, 414, 3º andar, CEP 05413-010, São Paulo, SP, Brasil.
editora@kapulana.com.br – www.kapulana.com.br

SUMÁRIO

Apresentação, de Flavia Maria Corradin 09

    I. Invocação
    (segundo velha moda das epopeias) 11

    II. Argumento
    (pra convencer o freguês) 15

    III. Narração
    (nos conformes, tim-tim por tim-tim) 19

    IV. Moral da História no Epílogo 71

Projeto *Autor por Autor* 77

APRESENTAÇÃO

Francisco Maciel Silveira dá a lume, mais uma vez, um título, veiculado no formato de cordel. Nesta investida, trata da decantada história de amor entre Pedro e Inês de Castro, tema há mais de trezentos anos invadido pela literatura de diferentes países, bem como por outras artes, dentre as quais se destacam a pintura, a escultura, para não falarmos do cinema.

O Autor dedica-se ao ensino há mais de quarenta anos, tendo trabalhado no, hoje chamado Ensino Médio, para fincar seus pés no ambiente universitário, dedicando especial atenção à Literatura, o que lhe dá cabedal para dialogar com conteúdo tão celebrado, procurando torná-lo palatável para todos os gostos.

Estampada numa fôrma popular, como é o cordel, Francisco Maciel busca o sabor do saber, brincando com a estrutura da epopeia clássica, ao dividir seu texto em Introdução, Narração e Epílogo. Cereja do bolo, a Narração apresenta a história do "amor que, contra tudo e todos,/acabou virando infração./Infração contra as leis de Deus,/infração contra as leis da grei", apontando ainda intertextualmente que a loucura dos amantes acabou por levá-los a um amor de perdição.

Assim, mais uma vez, por intermédio de um veículo popular, o Autor trabalha conteúdo canônico, dialogando intertextual e criticamente com a História, com a Literatura, suscitando no Leitor(a), esperamos, o desejo de explorar as sugestões aí contidas, de modo a que o amor de Pedro e Inês continue se perpetuando na memória dos brasileiros, portugueses, espanhóis, franceses, ingleses... Enfim, um caso de amor inesquecível... até o fim do mundo.

Flavia Maria Corradin - Universidade de São Paulo
Abril/2015

I. INVOCAÇÃO
(SEGUNDO VELHA MODA DAS EPOPEIAS)

Inda não sou vate afamado,
desses com padrinho e igreja,
mas, abro o bico, rima adeja
– como bando de passarinho
voando à procura de ninho
num canto em que se reveja.

Não pinta quem só tem vontade,
nem ser poeta é quem cisma.
É preciso batismo e crisma,
ser ungido pelo Senhor,
para ser poeta, pintor,
se não, não passa de sofisma.

Brotam queixas deste meu peito,
brotam lamentos tão sentidos,
tão sinceros, tão doloridos,
que já não posso refreá-los.
Espanto os males a cantá-los,
tal qual fossem por mim sofridos.

Nisso está o mistério d' arte,
na verdade do fingimento:
em ser seu, alheio tormento,
no rever-se a contragosto
um narciso com outro rosto,
simples dublê num argumento.

Peço à Santa Virgem Maria
que dê voz a meu pensamento;
peço-lhe neste momento
em que vou contar uma história
cuja tristíssima memória
não cai nunca no esquecimento.

E venham os anjos do Céu
com suas harpas celestiais
harmonizarem esses ais
saídos de tristes lamentos,
que de amor e de sofrimentos
são meus versos mananciais.

Que a língua não se me trave
nem me falte inspiração
neste trovar cuja escansão
vem enaltecer como é forte
o Amor que vence a morte,
vivo além de sua duração.

II. ARGUMENTO
(PARA CONVENCER O FREGUÊS)

E variando agora a rima,
pra não cansar a audição,
vou contar-lhes um caso triste,
bem de partir o coração,
ocorrido faz muito tempo
pros lados do luso rincão.

Caso me queiram dar a honra
de conceder a atenção,
fico-lhes desde já mui grato
e peço-lhes a permissão
de, a partir desse momento,
tocar-lhes fundo o sentimento.

Triste há de soar a viola
(o assunto assim o reclama),
por tratar de quem se imola
por amor daquele que ama,
desafiando preconceitos
e severas leis do Direito.

Foi amor à primeira vista,
como requer toda paixão
que esquecida das leis do mundo,
cega e surda a qualquer razão,
somente quer ver e ouvir
razões do próprio coração.

Afinal, não diz toda gente
que o coração tem razões
que a própria razão não sente?
O sentimento dá lições.
Lá do alto do seu saber,
ensina Amor seu abc.

Mas comecemos esta história
sem mais atraso ou delonga,
que a vida, essa finória,
podendo ser breve ou longa,
não aceita tanta demora.
Vamos, pois, irmãos, é a hora!

(Se alguma palavra rara,
retirada do relicário,
se arcaísmos, minha cara,
refogem do uso diário,
saiba que a todos ampara
essa burra do dicionário.)

III. NARRAÇÃO
(NOS CONFORMES, TIM-TIM POR TIM-TIM)

Já dito foi faz muito tempo,
segundo corre a tradição,
que aconteceu esse romance
entre donzela e infanção:
amor que, contra tudo e todos,
acabou virando infração.

Infração contra as leis de Deus,
infração contra as leis da grei,
agiram como dois sandeus
no fogo da paixão – Ardei,
Ardei!, mandava o desejo,
imperativo malfazejo

de amor que leva à perdição.
Então os dois não percebiam
que pela trilha por que iam,
dois cegos sem guia ou bordão,
de ambos o fim desde o início
era a queda num precipício?

Proclamam que amor é cego
só pra não ver imperfeição;
proclamam que amor é surdo
pra não ouvir reclamação.
E dizem também que é burro,
teimoso qual velho caturro.

Pois tudo isso e bem mais coisa
foi o Amor que os uniu.
Amor assim nunca se viu.
Sobreviveu até à loisa
que os preserva em seu fundo
à espera do Fim do Mundo.

Dá pra pensar que foi Destino,
sina já escrita nos astros,
o condão desse Deus Menino
pôr qualquer vivente de rastro,
como ocorreu em Alenquer
ao ver Pedro aquela mulher.

Inês, assim era chamada
aquela gravura do céu.
Mal a viu, soube-a destinada:
sua vida, sua glória, labéu.
Com certeza sua alma gêmea
encarnada naquela fêmea.

Tinha cabelo farto, louro,
gracioso o colo, de garça;
o traje, apesar do decoro,
a sua beleza não disfarça;
promessa de noites ardentes
é o que ali se pressente.

Bem como era então usança
Inês viera como aia
na comitiva de Constança,
destinada esposa de Pedro.
Não se esperava que a privança
fosse dar naquilo que deu,

pois foi quebrada a confiança
da relação patroa sua dama.
Bem outra foi a aliança
que urdiu Amor em sua trama:
fez de Inês a prometida
e de Constança a traída.

Alega-se num caso desse
que casamento arranjado
só na base do interesse,
feito pra garantir reinado,
há de dar com os burros n'água,
fonte de desilusão, mágoa.

Além do mais, Pedro, Infante,
do trono português herdeiro,
mal sabia de Amor, ignorante
das manhas do Menino Arteiro.
O casamento foi-lhe imposto,
goela baixo, a contragosto.

Nem bem saído dos cueiros
lhe arranjaram casamento
com uma tal Branca, primeiro.
Moça mais triste que lamento,
doentia: seu ventre, chão bruto,
não faria semente dar fruto.

Foi desfeito o matrimônio,
mas não fica sem sementeira
Infante que vai assumir.
Constança vem como herdeira
do tálamo desocupado
noutro casamento arranjado.

Um mil trezentos e quarenta,
era o dia trinta de agosto,
casaram Pedro e Constança
com festa de muito bom gosto.
Quem poderia dizer que boda
tão festiva traria desgosto?

Era mais velha sete anos
Que o Pedro a nossa Constança.
Vinha curtida em desenganos,
porém no peito a esperança
de que estava destinada
a viver mui bem maridada.

Ambos eram o resultado
de casamentos malogrados.
Pedro com Branca, a matusquela;
Constança co' o rei de Castela
(Afonso décimo primeiro),
monarca sonso, traiçoeiro.

Não é que Afonso, o safado,
co'a irmã de Pedro casado,
mantinha comborça no leito
e ainda não satisfeito
nutria o desejo de ter
Constança a seu bel-prazer.

Mais de quatro anos cativa
viveu Constança em Castela.
Sua virtude, a cidadela
com que se mantinha esquiva
ao desejo pecaminoso
daquele que, sem ser esposo,

só desejava desfrutá-la.
Obra do Senhor, o dia veio
de o Acaso libertá-la
de Afonso XI e seus enleios,
sem porém deixar de enredá-la
na armadilha doutros anseios.

Quem espera sempre alcança?
Após tempestade, a bonança?
Bem assim rezam os ditados
da sabedoria popular.
Só não sabe ela que os fados
toda escrita podem mudar.

Certo que bem-aventurança
na extensão de sua largueza
não era rima pra Constança.
Com ela rimava tristeza,
desgosto, contrariedade,
tudo avesso à felicidade.

As bodas festivas com Pedro
não foram fim de seu exílio
ao largo da felicidade.
A tristeza tem domicílio
conhecido, fixo e certo
em peito de luto referto.

Nos conformes e a preceito
cumpriu seu papel, sua missão?
Dizem que sem menor paixão
ou gosto abriu-se no leito.
Três filhos Constança gerou,
mas de nada adiantou.

Diz-que-diz que foi bruxaria,
ofício da parte do demo.
Cala-te, boca, até temo
tão grande foi a ousadia.
Sem mais disfarce, lá no paço,
Pedro e Inês aos amassos!

Já não respeitavam ninguém.
Era adultério, mancebia,
que, pondo em risco a dinastia
de reinos daqui ou d'além,
causaram na corte aflição.
Aonde daria tal paixão?

Faziam-se tal indagação,
dentre tantos, três Conselheiros,
fiéis ao monarca, parceiros
na defesa de sua Nação:
"A galega Inês, fementida,
era peça duma partida.

Os Castro, seus irmãos, sua gente,
ambiciosos de poder,
ensinaram-na parecer
toda amorosa, inocente.
Conspiravam tê-la no trono,
pensasse Pedro ser-lhe o dono.

Cortar o mal pela raiz
era o que era bem preciso.
Não fique, Alteza, indeciso.
Ouça o que por aí se diz.
Por honra da Lei e da Grei
tudo se perdoa a um Rei."

Crescia lá na corte o temor
de que os filhos que Inês
lhe dera (eram eles três)
pusessem em risco o sucessor
– Fernando, filho de Constança,
enfermiça e triste criança.

Viam Inês, com os irmãos,
cheia de cobiça, ardilezas,
tramando nas sombras, desvãos,
toda espécie de malvadeza.
Pois que se cuidasse Fernando,
acabariam-no matando!

Por causa de bastardos, reinos
ardem consumidos em guerras.
Toda paz construída em anos
desmorona num Ai por terra.
Esta é a lição da História
que a todo mundo aterra.

Afonso IV, o pai e rei
preocupado com sua grei,
pede ao filho Pedro recato.
Que deixe a comborça no ato,
que se porte segundo a lei,
que não faça tal desacato.

"Uma vez que viúvo estava
(morta se achava, então, Constança)
por que, segundo a usança,
novamente não se casava
com fidalga, filha de rei,
digna do exemplo que lhe dei?"

Palavras dispersas ao vento
eram as do monarca Afonso.
Fazia-se Pedro de sonso,
dizendo não ter o intento
de maridar-se novamente,
seria viúvo eternamente:

"Juro, por toda vida minha,
que fiel serei à Paixão
que, dona de meu coração,
há de viver como rainha
coroada depois de morta.
Isso, sim, meu pai, me importa!"

(A resposta foi sibilina,
oráculo de enganação.
Quem entenderia que a menina
de seus olhos, de sua Paixão
a morta entronada rainha,
era Inês, é, aquela zinha!)

Mas três Conselheiros fiéis,
(todos já nossos conhecidos:
Coelho, Gonçalves e Pacheco,
tais eram os seus apelidos)
decifraram a adivinha
da morta entronada rainha.

Já tinham alertado Afonso
o quanto os Castro eram sonsos,
aranhas tramando suas teias:
traição corria por suas veias.
Língua e sangue de serpente,
tenha cautela toda gente!

O sussurro dos corredores,
o ouvido tuberculoso
das paredes e arredores
– tudo fazia mais sonoroso
os suspiros e os ardores
daquele amor escandaloso.

Urgia pôr um ponto final
naquele caso amoroso
que todos sabiam ser um mal,
para o reino em tudo danoso.
Permitia-se a mancebia,
porém sem risco à dinastia!

Mancebia era só folgança,
brincadeira, divertimento,
fuga ao tédio do casamento,
entre reis sabida usança.
Não tomasse o adultério,
porém, feição de caso sério.

A paixão em que crepitavam
fora dos sacrossantos laços
desbordava tempo e espaço.
Como Inês e Pedro se amavam
nunca se vira na história.
Sem registro em qualquer memória.

Inútil tentar separá-los
com proibição ou exílio.
Muito mais forte a atá-los
os liames daquele idílio.
Pensaram então que a morte
promoveria ali um corte.

"Somente a morte da amante,
convença-se disso, Alteza,
tenha absoluta certeza,
há de libertar o Infante
do bruxedo dessa paixão
que vai levá-lo à danação."

Nesse tom se expressou Coelho,
que gozava da confiança
do rei Afonso. Seu conselho
significava a lembrança
"que pôr um fim ao destrambelho
era regra da governança."

Estava numa encruzilhada,
entre a cruz e a caldeirinha,
a vida do rei bifurcada.
Embora pai, sabia que tinha
que decidir como monarca:
Inês no gume e fio da Parca

que ali ele representa.
"Digam-me qual a culpa dela?" (Rei)
"A de não passar de cadela!" (Coelho)
"Ser feiticeira que encanta
Pedro com seu corpo e mezinhas
com o fito de ser rainha." (Gonçalves)

"Ou de pôr um dos bastardinhos
no lugar de nosso Fernando…" (Pacheco)
"O que faria envenenando-o…" (Coelho)
"Fementido seu ar de anjinho…" (Gonçalves)
"Meu rei, não se deixe enganar…" (Pacheco)
"Senhor, temo-la que matar!" (Coelho)

Vítima de fogo cerrado,
o rei tinha que decidir:
ou ser pai pelo filho amado
ou ser de sua grei magistrado.
A paz e o bem da Nação
sobre os bens de seu coração.

(Aqui entre nós, sempre achei
que o drama de Pedro e Inês,
com sua paixão adulterina,
não chegava aos pés desse rei
que, para fazer o que fez,
cumpriu o fado de sua sina.

Afonso IV, esse sim,
dilacerado em seu drama
– ser bom pai ou ser justo rei –,
é que merecia toda a fama
nesse enredo de triste fim
que cumpriu em prol de sua grei.)

Noites ele passava em claro.
Já não dormia, pobre coitado,
bem aceso em seu tormento.
Em verdade, aqui vos declaro,
que, mui pesado sofrimento,
o cetro parecia um fado.

Maldição urdida nos céus?
Castigo divino por ter
sido também filho ingrato?
Vivia lição para os incréus,
para os que só sabem descrer
tenha Deus um desiderato.

Esses eram os pensamentos
que afligiam Afonso IV:
pesadelos de seu tormento,
abantesmas pelo seu quarto,
que vinham assombrar-lhe o sono,
antevendo em perigo o trono.

Qual sua ingratidão de filho?
Sirva o verso como trilho
rumo ao norte da memória,
para que lhes conte a história
que me pus aqui a tecer
sem nada dela esquecer.

Passos em volta do passado,
ei-los, Afonso e genitor,
que tinha por nome Dinis.
Monarca por todos louvado
por ser poeta e lavrador,
mas também muito infeliz.

"– O pai de Afonso, rei Dinis,
era coitado, infeliz
por ser monarca ou trovador?"
Numa boa hora a questão
que propõe aqui o leitor,
ensejando-nos a lição.

Todo poeta é infeliz
porque só ele trova a Dor
que lhe coube desde a raiz.
É Ela sua dama e senhor,
tirana a mantê-lo cativo,
morto de amor enquanto vivo.

Muito infeliz é todo rei
ao descobrir que seu poder
não é decreto da vontade
de seu capricho ou bel-prazer;
que sua pretensa autoridade
deve obediência à Lei.

Era mulherengo Dinis,
sementeira de barregãs.
No casamento infeliz,
tratava a mulher como irmã;
melhor, como santa de altar[1],
feita apenas para adorar.

---

1   Isabel chamava-se a mulher de D. Dinis. Literalmente uma santa, aturou as traições do marido femeeiro. Beatificada em 1516; canonizada em 1626.

Mais amor aos bastardos tinha
que ao seu legítimo filho,
vergonha da corte e rainha.
A desavença foi rastilho:
Afonso guerreou Dinis,
conforme a História nos diz.

Vassalo, como todo rei,
aos desígnios da Lei e Grei,
não fez D. Dinis sua vontade:
a soberana liberdade
d' entronar com todo poder
quem fosse de seu bem querer.

Naquele espelho do passado,
Afonso bem que se revia
embora os papéis trocados:
ele nunca permitiria
que fosse o trono conspurcado
pelos frutos da bastardia.

Tinha carradas de razão
a voz do povo, os Conselheiros.
Urgia pôr fim à danação
de Inês mais irmãos matreiros.
Cortar o mal pela raiz,
não importa fosse infeliz.

De pai e de avô sua dor
of'receria a toda a gente,
sacrifício como penhor.
Ficasse claro e patente
que tudo e mais sempre faria
em defesa da dinastia.

Em riste lança e espada,
nos momentos mais decisivos,
não recuava ante nada.
Não era do medo cativo,
nem da indecisão escravo
– era Afonso IV, o Bravo!

Quem avisa amigo é,
assim proclama o ditado,
assim ensina a boa fé.
Mandaram a Pedro recado
de que Inês corria perigo,
"cautela com o inimigo!"

Pedro (confiando em quê?)
se fez de desatento e surdo.
Se verdade, não quis saber,
pois lhe parecia mui absurdo
que lhe matassem a amada
assim sem mais porque nem nada.

Pedro costumava caçar,
deixando Inês muito sozinha,
sonhadora, a figurar
quando seria feita rainha.
Deixá-la entregue à própria sorte
foi como decretar sua morte.

Dizem que um dia é da caça,
o outro é o do caçador.
No caso que ora aqui se passa,
a presa e o predador
se encontraram no mesmo dia,
numa madrugada bem fria.

Ano mil trezentos dois cincos...
(Data aziaga, eu não brinco
com mapas da astrologia!...)
Nem bem despontava o dia
(nascia dia sete de janeiro),
Rei Afonso e seus Conselheiros,

sem que Inês ouvisse os passos,
lhe invadem os aposentos
com o maior desembaraço.
Ela dormia com seus rebentos,
a sonhar, mísera, mesquinha,
sendo coroada rainha.

Menos que sonho, pesadelo
de arrepiar os cabelos:
era rainha coroada,
mas sua cabeça separada,
(ó Virgem Santa, que desgraça!)
de seu lindo colo de garça.

Creem que sonhos são oráculos,
vivas predições sibilinas
tornadas reais espetáculos
pra nossas descrentes retinas?
Ou tal qual outro São Tomé
precisam ver para dar fé?

Pudesse, o Sol, nem bem nascido,
fugiria daquele cenário,
deixaria tudo escurecido,
para não vermos os sicários
que, sem a menor piedade,
iam fazer uma maldade.

Inês acorda assustada,
saindo de seu pesadelo,
mal sabendo ela, coitada,
que, condenada sem apelo,
seu mau sonho seria verdade,
feito viva realidade.

"Que faz ali aquela gente?
Em seu quarto uma comitiva
de gente armada até aos dentes?"
Embora muito assustada,
indaga a fingir-se altiva,
aos filhos muito agarrada:

"Então, meu sogro, a que vem
essa visita sem aviso,
sem um porquê, sem um porém?
Sem motivo que, incisivo,
desperte assim a madrugada
com toda essa barulhada?"

Afonso, pego de surpresa,
espantou-lhe a reação.
Rábula cheia de razão
era o que menos esperava.
Esperava vê-la indefesa,
vassala, submissa, escrava.

Já os Conselheiros, irados
com a ousadia de Inês,
quiseram calá-la aos brados,
ver do medo a palidez,
gelando-lhe o corpo, as veias.
Temiam-lhe a sutil teia

enredadora de mulher.
Filha natural da serpente,
Mal disfarçado em maçã,
sabor a tentar toda a gente,
ali estava a barregã
a fingir-se de inocente.

Querem só ver o entremez,
a sua farsa enganadora?
Em sofismas uma doutora,
com toga e capelo, a Inês.
Ouçam só o rol de razões
derramadas aos borbotões.

"– Diga-me, meu sogro querido,
por que todo esse alarido
e essa soldadesca armada?
Com o susto fui despertada
de um pesadelo medonho.
Vejo aqui, agora, meu sonho

tornar-se crua realidade.
Que crime cometi, senhores,
para o cutelo da maldade
punir-me com os estertores
de uma morte sem piedade,
surda a inocentes clamores?

Se amar Pedro é meu crime,
se os três frutos desse amor,
dessa infinita paixão
são pecado e danação,
já não me resta em que me arrime,
já não me resta salvação,

salvo a piedade subida
por esses três inocentinhos
que ficarão sem meus carinhos
se me cortais o fio da vida
– punição que não mereci,
por crime que não cometi.

Que fiz de mal, se não servir
com lealdade ao Amor?
Sem um nada em troca pedir,
a Pedro Infante, meu senhor,
toda a ele me consagrei.
Isso é pecado? Então pequei!

Qual o peito, o coração,
que, de pedra, sem piedade
não tenha a menor compaixão
ante tamanha crueldade?
Triste de mim que, inocente,
morro assim tão cruamente!"

Bem que notam os Conselheiros
que Afonso foi atingido
pelos lamentos feiticeiros.
Ei-lo a recuar comovido,
lágrimas nos olhos trementes:
– "Como matar uma inocente?!"

Vacila o Rei na decisão
vencido pela barregã,
filha da serpente, maçã
capitosa da perdição.
Ei-lo baboso, de joelhos!
(assim pensa Pero Coelho).

"– O choro duma barregã
então é forte e capaz
de fazer rei voltar atrás?
A palavra, tornada anã,
bobo da corte a divertir
nossa atenção do mal por vir?

Urge, Majestade, cuidado.
Pedro, vosso filho, com ela
há muito tempo amancebado,
age sem tino nem cautela,
pondo em risco nosso reinado,
a paz selada com Castela.

Matá-la é nosso dever.
Não cabe aqui indecisão,
mui digna de repreender
estando em perigo a Nação.
Só pela Lei e pela grei
se exerce a justiça do rei."

Ouvindo-lhes esses dizeres,
el-Rei ficou muito torvado,
seu coração agoniado
entre o afeto e seus deveres.
Fosse qual fosse a decisão,
tudo levava à perdição.

Sem saída sua aporia
(bonito nome que se dá
ao que sem remédio ou receita
por irremediado está).
Eis el-Rei numa encruzilhada,
posto ao sabor do deus-dará.

Querem saber sua aporia?
Mataria uma inocente,
condenada injustamente,
ou o reino em risco poria,
se agisse covardemente,
maculando sua dinastia.

Deu as costas aos Conselheiros
que o encaravam irosos.
(Minutos mais que tormentosos
viveu Inês, seus derradeiros.)
– "Como posso deixá-los órfãos,
o reino, os netos...? Lavo as mãos..."

Sua decisão (como Pilatos
fugindo de seus próprios atos)
decretou de Inês a sorte.
Condenou-a tão só à morte,
entregando-a à cruel sanha
dos Conselheiros sem entranhas.

"– Nem os animais mais ferozes,
bestas-feras sem coração,
são dos semelhantes algozes
no mais inóspito rincão.
Acaso que lhes fiz, Senhores,
para tanto ódio e rancores?"

Foram as últimas razões
da que, mísera e mesquinha,
depois de morta foi rainha,
reinando em nossos corações
– história feita lenda e mito:
palavra e fé do que foi dito.

As mãos, de Pilatos lavadas,
(perdoe-lhes Cristo a covardia)
empunharam cutelo, espadas
e, nem bem despertava o dia,
Inês tombava degolada,
viva pro mito que nascia.

(Tanto que, tal qual outro Homero,
reacendo sua odisseia,
aceso que fui na ideia
de que o Verbo, com seu lero,
com o canto que nos seduz,
cria o Real sob a sua luz.)

Tudo viram horrorizadas
as pobres crianças, aos berros.
A mãe, tombando mutilada
sob os golpes cruéis dos ferros,
mal conseguiu dizer adeus
aos coitados filhinhos seus.

A cena era bem dantesca,
de arrepiar os cabelos
de qualquer rude soldadesca.
Que cristão suportaria vê-los
cabeça e corpo separados
no chão todo ensanguentado?

Talvez por isso apressados
deixaram a cena do crime.
Cônscios de que nada os redime
do fero ato consumado?
Não. Justificava a fereza
a paz do reino, sua defesa.

Más notícias voam ligeiras.
Diferem das alvissareiras
que, capengando a passos lentos,
nunca vão nas asas do vento.
Nos pés alados de Mercúrio,
a notícia do crime espúrio.

Sem poder disfarçar seu medo,
não atinava o mensageiro
como falar dos atos tredos
do rei Afonso e Conselheiros,
que, pelas costas do Infante,
mataram-lhe a cara amante.

Pedro notou-lhe o tremor,
a palidez mortal da face:
"– Vamos lá, homem, sem disfarce,
sem da minha ira temor,
desembucha logo a que vem
a pressa desse palafrém!"

Nem bem acabou o relato
de tão cruel assassinato,
ecoou pela lusa terra
um uivo de dor e de guerra.
De vingança clamor raivoso
contra o crime indecoroso.

O pai, além dos Conselheiros,
todos mereciam punição
pelo ato vil e rasteiro,
que lhe arrancou o coração
ao matar com todo rigor
sua alma, sua dama e senhor.

Alheio aos laços filiais,
ao sacro amor devido aos pais,
Pedro declara feroz guerra
a Afonso, seu genitor:
mortandade na lusa terra
pra vingar a morte do Amor.

Por fim no dia vinte de agosto
de mil trezentos e dois cincos
(conta bem contada, não brinco),
tudo discutido e bem posto
selou-se a paz de Canaveses
após luta de sete meses.

Depois de devastada a terra,
sua semeadura e colheita,
extinguiu-se por fim a guerra
entre pai e filho. Foi feita
a trégua e paz que, fementida,
foi por todos aceita e crida.

De Pedro a índole raivosa
desde o sêmen de sua natura
deu-se toda à luz, tenebrosa,
gestando a vingança futura
com requintes cruéis, ferozes,
contra os da sua Inês algozes.

Morre o rei, Dom Afonso IV;
Pedro, sucessor desde o parto,
assume o cetro e coroa,
incensado por vivas, loas.
Mal sabiam que "O Justiçoso"
Pedro era um facinoroso.

(Do tempo sentados à margem,
vendo o fluir de sua passagem,
tenhamos por ora a visão
de sua cruel governação,
à espera da crua vingança
nata de sua intemperança.)

O caso de Afonso Madeira
seja a crueldade primeira,
nessa lista de desatinos,
de quantos atos assassinos
por seu reinado cometeu,
fruto dum coração sandeu.

Vou contar-lhes verdade pura
por um cronista-mor firmada,
de cuja viva escritura
sai esta história aqui narrada.
Fernão Lopes assim se chama
o cronista autor dessa trama:

De como el-Rei mandou capar,
pelo ciúme malferido,
um seu escudeiro querido
que ousou o desfeitear,
traindo-o com despudor
com a mulher dum servidor.

Soa a título de cordel
pra atrair nossa atenção,
oferecendo emoção
no atacado e a granel.
Pura verdade, no entanto,
feita pra causar nosso espanto.

O escudeiro referido,
chamado Afonso Madeira,
era mancebo mui garrido.
De boas feições e maneiras,
que o faziam muito querido
no meio das donas faceiras.

Dentre essas donas faceiras
uma havia manhosa, louçã,
chegada a risos, brincadeiras,
vocação para barregã.
Catarina Tosse era o nome
da que pôs chifres no seu homem.

Era o corno Corregedor,
Lourenço Gonçalves chamado:
homem sério, mui respeitado,
das Leis um fiel cumpridor,
imune a qualquer tentação
que leva o ser à corrupção.

Para males de seu desdouro,
bem mais velho que a mulher
– prato à espera de talher.
Parece não dava no couro,
saciando-lhe o furor,
o ilustre Corregedor.

Não obstante um comborçoso
(veja-se sua contradição!),
era el-rei Dom Pedro cioso
da pureza de sua Nação:
pecado contra a castidade,
crime de lesa-majestade!

Ainda mais se cometido
com e contra entes queridos,
caso daquela marafona:
Catarina Tosse, putona,
a chifrá-lo, além do esposo,
deixou D. Pedro furioso.

Embora el-Rei o escudeiro
(mais que se deve aqui dizer)
o amasse de corpo inteiro
com homossexual prazer,
Pedro não poupou o mancebo
– sua dama e senhor, seu efebo.

No lixo toda sua querença,
cortou cerce a desavença.
De seu escudeiro Madeira,
com brutal fúria ceifadeira,
cortou-lhe rente os chocalhos
do varonil penduricalho.

Sem mais aqueles adereços
de que temos em mor apreço,
engordou Afonso Madeira.
Aguda a voz, de bailadeira,
suas cantigas de amor, de amigo
eram do capado testigo.

Outros casos de julgamento
de Pedro, o cruel justiçoso,
merecem registro, memento,
para que, castelo ruinoso
de areia, não os leve o vento
no sopro do esquecimento.

De crimes, um rol tão imenso,
pendente ao fio de seu chicote,
inspiraria verso extenso
às voltas com o dito mote.
Registre-se aqui apenas
quão insanas foram suas penas.

Na fé e crença dum hissope
cito lição de Fernão Lopes.
Não sei, certo ou equivocado,
se pendeu a balança errado
com dois pesos e duas medidas
a sopesar aquelas vidas.

E pois escrevemos que era
justiçoso, bom é saber
de seus pleitos (relato à vera),
de modo que possamos ver
se sentença justa ou injusta
prolatou sua Alteza augusta.

Quando com os vis marginais
cara a cara se defrontava
e o réu seu crime negava
desvestia suas vestes reais
e com rigor o açoitava
pra que dissesse tudo e mais.

Um bispo meteu a tormento
por pecado libidinoso,
porque traiu o juramento
– açoites de sermão iroso
contra quem, cura criminoso,
traiu o casto mandamento.

Dois escudeiros seus validos,
pelo capeta possuídos,
mataram mercador judeu
para lhe roubarem o seu.
Pedro os julgou, indignado:
ordenou fossem degolados.

Degolou e mandou queimar
mulher de mercador honrado
(Afonso André apelidado)
que se cansava a trabalhar
enquanto era corneado
pela rainha de seu lar.

Os casos aqui referidos
causaram certos alaridos.
Sofreu el-rei Pedro censuras.
Que suas punições era duras,
que mui grandes eram as penas
para mazelas tão pequenas.

A todos el-Rei respondia
que um só castigo temia
nossa humana condição:
era sofrer a punição
da sentença que, capital,
corta pela raiz o mal.

Não se pense que ocupado
pelas tarefas do reinado,
el-Rei D. Pedro se esquecera
da bem amada que perdera
tão cruelmente assassinada
naquela triste madrugada.

(Postos aqui, do Tempo à margem,
voltemos um pouco ao passado.
Façamos devido traslado
de significante passagem.
Afonso, embora mui doente,
tinha lucidez previdente.)

Jazendo em seu leito de morte
D. Afonso, temendo a sorte
dos seus três fiéis Conselheiros,
aconselhou-os que ligeiros
noutro reino achassem guarida
para salvaguardar suas vidas.

E continuou sussurrando,
nas vascas de sua agonia,
o filho ele conhecia,
não fossem então confiando
no perdão da paz assinada,
nem também na palavra dada.

Pedro, além de rancoroso,
trazia sangue facinoroso,
correndo grosso pelas veias:
"– Seus atos e palavras... teias
são enredadoras, viscosas...
É uma aranha criminosa..."

(Naturalista teoria,
bem antes de Zola & Cia,
Afonso IV segredava
aos Conselheiros seus amigos.
Eles mal sabiam que testigos
seriam do que se anunciava.

Verdades bem anteriores,
culpando os progenitores
da queda original adâmica,
cujas uniões endogâmicas
geraram pecos embriões,
gigantes nascidos anões.

El-Rei D. Pedro, o Justiçoso,
gago, cruel, facinoroso,
era viva ilustração
do que Afonso, o pai, dizia:
mea culpa que maldizia
o fruto de sua geração?)

A fingir que se divertia
caçando cervos, javalis,
Pedro passava horas, dias,
ouvindo o som dos halalis
na espera do que queria:
a repatriação dos vis

algozes de sua bem amada,
que, exilados em Castela,
sob de seu sobrinho a tutela
– Pedro, o Cruel, apelidado –
(diz-se) viviam à cautela
com grande medo, assustados.

Do Céu, dizem, caem maduras
(certeira lei da gravidade)
as maçãs que – Evas impuras –
tentam nossa fragilidade
– serpes em tudo aliciosas
de nossas ações criminosas.

Ação dos desejos divinos
ao regaço de Pedro, o Cru,
caíram dois dos assassinos?
Ponha-se o enredo a nu,
despindo-o de todo rito
que traz as fantasias do mito.

Pedro, rei dito O Justiçoso,
cumpria a justiça divina
perseguindo, facinoroso,
os que com fúria assassina
cortaram-lhe pela raiz
o mal que o fazia feliz?

Não cabe a mim o julgamento
dos atos e fatos humanos
que lhes relato aqui rimados.
Só quero sirva de memento,
lição viva ao longo dos anos,
do que pode ser evitado.

Planejava com o sobrinho
– Pedro, o Cruel, apelidado –
uma troca de exilados.
Consumou-se o plano mesquinho
de Pedro, o Cruel português:
vingar a morte de Inês.

Pacheco, um dos conselheiros,
no tempo exato avisado,
em vil mendigo disfarçado,
escapou de ser prisioneiro.
Conseguiu furtar-se à sorte
que lhe destinava crua morte.

Aqueles outros do Conselho
(Gonçalves e Pero Coelho),
cúmplices na morte de Inês,
tiveram sorte bem diversa,
réus punidos pela perversa
justiça do rei português.

É só em nome da verdade
que lhes conto toda a maldade
que sofreram na punição:
foi-lhes tirado o coração,
arrancado a sangue-frio
ante o rei que, pasmem, se riu.

Era sua vingança gozosa
vê-los sofrer no coração
a mesma dor que, pavorosa,
ele, Pedro, sofrera então.
Punia com lei de talião
quem lhe matara o coração,

apagando do rol dos vivos
Inês, sua dama, sua senhor.
Embora rei, era cativo
a serviço das leis d'Amor
– fiel, submisso suserano
do Eterno, ano a ano.

Crendo eterno o Amor
em nosso humano calendário,
consagrou-se seu servidor.
Tornaria seu amor lendário,
fogueira que, eterna, dura
na vida – chama breve, escura.

Mistérios dessa nossa vida,
não considerem que a vingança
nos Conselheiros exercida
acalmou-lhe o coração,
apagando-lhe a lembrança
dos hipócritas cortesãos.

Não! Esquecido não estava
o soberano Pedro, o Cru,
da hipocrisia que reinava
(transparente véu sobre o nu)
sob os sussurros e rumores
pelos desvãos e corredores.

Pois ele não sabia então
que os hipócritas a morte
de Inês queriam: selar a sorte
da vida de seu coração
sob os sete palmos dum túmulo.
Insuportável, era o cúmulo!

Faltava dar-lhes a resposta
derradeira de sua vingança.
Plano que a muitos desgosta
– os que nutrem a esperança
de que bom é o ser humano,
nascido de divino plano.

Inês, mísera e mesquinha,
que não fosse, viva, rainha
– era o desejo de sua grei,
daquela corte filisteia?
Surgiu-lhe então a ideia
de burlar o Reino, sua lei.

Rainha eterna (na memória
para sempre viva do povo,
lenda na futura História)
só trazendo-a à vida de novo:
exumá-la da triste cova,
sagrá-la numa vida nova.

Fazê-la do Reino rainha,
reinando-o além da vida,
era ter promessa cumprida:
brotar dentre a erva daninha,
rasa, da corte mal cheirosa,
pétalas de rosa amorosa.

(Amor além da vida, desbordante,
exige que metro se mude e rima,
para cadenciar sua extensão.
Que, sepulta em marmórea obra-prima,
não cabe na exígua dimensão
da rasa sepultura limitante.)

Pedro, o Cru, mandou construir
no sacro templo de Alcobaça
morada que lá no porvir,
dirá ao vivente que passa:
"Tal foi teu amor – coeterno?
Vivo na morte, sempiterno?"

Quem segue pela vida e passa
sem nem conhecer Pedro/Inês,
venha pasmar em Alcobaça
o que o eterno amor fez:
semear em cova marmórea
semente de eterna memória.

O que vou contar-lhes agora,
registrado está mundo afora
pela memória popular:
pro seu amor eternizar,
da rasa cova exumá-la,
fazendo a corte consagrá-la.

Pois não é que desenterrou,
diante do horror e espanto
de quem ali presenciou,
o corpo de quem tanto amara.
Soluçava o rei, tanto o pranto
que lhe escorria pela cara.

De Coimbra a Alcobaça
seguiu enorme procissão
com velas acesas na mão,
iluminando onde passa.
Pareciam estrelas cadentes,
rastros duma paixão ardente.

Não pensem que o povo apenas
seguia o tétrico cortejo.
Mesmo dessa distância vejo
do clero e nobreza centenas.
Pedro, o Cru, nutria o desejo
de vê-los pagar culpa e penas.

Iria fazer clero e nobreza
prestar reverência devida
àquela mulher cuja vida,
tão jovem, cheia de beleza,
fora por cínica maldade
cortada na flor da idade.

Lá em Alcobaça o cortejo,
passados quatro dias, chegou.
Podem crer naquilo que eu vejo;
não aumento o que se passou.
Pedro mandou fosse apeada
a morta pra ser consagrada.

Inês defunta, esbrugada,
Pedro a pôs num trono sentada.
Cerimônia de beija-mão,
respeitoso, com devoção.
Gente da nobreza, do clero,
todos com riso amarelo,

beijam-lhe a fétida mão.
Toda aquela cena de horror
era parte da punição
que fora por Pedro urdida.
Queria todos por toda a vida
sentindo o próprio fedor.

Foi desse jeito que Inês,
dita mísera e mesquinha,
conheceu sua hora, sua vez.
Depois de morta, trasladada
e reconhecida rainha,
para todo o sempre lembrada.

IV. MORAL DA HISTÓRIA NO EPÍLOGO

Seja esse caso relatado
mais que bastante, exemplar.
Seja ele bem admirado
à roda do fogo, no lar.
Que todos guardem a lição
lá no fundo do coração.

Só Amor conhece razões
que a própria razão desconhece.
É capaz de superações,
de vencer o que lhe empece.
Nem mesmo a adversa sorte
vence Amor que vive na Morte.

(História a mais descabelada
em seu doentio romantismo?
Olha, amiga, não é por nada,
mas todo esse cepticismo,
essa descrença no Amor,
há de causar-lhe dissabor.

Então a amiga não crê
que um príncipe encantado
o Destino (que não se vê)
tem ali pra si reservado?
Que não seja da realeza;
basta ter do amor a nobreza.

Que lhe crepite sempre a chama,
acesa no pavio da vida,
desse Cupido cuja trama,
fio no labirinto tecida,
conhece a saída e meio
de eternizar seu enleio.

Que seja eterno o amor
enquanto pela vida dure,
qual disse aquele trovador?
Não! – Que seja eterno e perdure
fiel, intenso, vivo e forte
capaz de viver pela Morte.)

Pois no túmulo que mandara
erigir no mármor mais puro,
leitosa brancura de neve,
esperançoso não gravara
tão confiante no futuro
não um adeus, mas até breve?

Ao fazer quarenta e seis anos,
Pedro deixou seu corpo humano.
Vigília dum sono profundo,
alma encantada em suspensão,
aguarda noutra dimensão
o despertar do Fim do Mundo.

Jazem os dois em Alcobaça,
pés um para o outro voltados.
Creem, findo o tempo que passa
(Final dos Tempos consumado)
que ambos vão ressuscitar
para o Amor continuar.

E ambos, ao ressuscitarem,
hão de rever-se face a face
para, enfim sós, perpetuarem
um casamento cujo enlace
de um bem-querer tão profundo
viverá além do Fim do Mundo.

Finalizada a jornada,
se gostou Vossa Mercê
de toda essa toada,
de todo esse ABC,
diz a Rima – "Obrigada.
Adeusinho, até mais ver."

PROJETO AuTOR POR AuTOR

O ABC de Literatura *O caso de Pedro e Inês, Inês(quecível) até o fim do mundo*, a exemplo de *Ó Luís, vais de Camões?*, *Fernando Pessoa(s) de um drama*, *Eça de Queiroz, o mandarim do Realismo português*, insere-se na vertente criativa do Projeto *Autor por Autor* que, iniciado em 1997, se subordina à linha de pesquisa "Texto. Contexto. Intertexto" do Programa de Pós-Graduação em Literatura Portuguesa da Faculdade de Filosofia, Letras e Ciências Humanas da Universidade de São Paulo. Sob a direção do Prof. Dr. Francisco Maciel Silveira e coordenação da Profa. Dra. Flavia Maria Corradin, o Projeto *Autor por Autor: A Literatura e História portuguesas à luz do teatro* objetiva:

a) o exame de textos teatrais (ou de forte cunho dramático) cujo tema e/ou motivo seja(m) a vida e/ou a obra de autores portugueses;
b) o exame de textos teatrais (ou de forte cunho dramático) cujo tema e/ou motivo seja(m) aspectos, fatos ou personagens da História portuguesa;
c) a utilização de técnicas e recursos teatrais no ensino da Literatura e História portuguesas.

Portanto, o Projeto desenvolve-se em duas vertentes:

a) a releitura da vida e obra de autores da Literatura Portuguesa e/ou episódios e personagens da História feita por outros criadores, especialmente dramaturgos. O intuito é o de rever conceitos críticos vigentes na bibliografia crítica, em torno de autores, obras, temas, além de divulgar a dramaturgia contemporânea portuguesa;

b) contribuir didática e metodologicamente para o ensino da Literatura e História portuguesas, apresentando de forma criativa a vida e obra de autores ou personagens históricos. Para esta vertente, além da ficção ensaística, o Projeto criou o *Grupo de Estudos Teatrais Gambiarra*, sob a direção do Prof. Dr. Francisco Maciel Silveira e coordenação da Profa. Dra. Flavia Maria Corradin.

fontes	HVD Poster (HVD Fonts)
	Source Sans Pro (Adobe)
papel	Pólen Bold 90 g/m²
impressão	Printcrom Gráfica e Editora Ltda.